Manuel de préparation mentale à la réussite :

Les 100 secrets de ceux qui réussissent tout

Victor Féron

Introduction

Nous avons tous souhaité réussir un projet à un moment ou à un autre de notre vie.

Que ce soit passer le bac, obtenir le permis de conduire, créer sa société ou apprendre à jouer d'un instrument de musique, nous avons tous un jour fourni un effort qui nous a amené à la réussite mais aussi parfois aussi à l'échec sans que l'on puisse être en mesure de comprendre pourquoi.

En dépit de l'énergie qu'elles fournissent, certaines personnes échouent dans leurs projets alors qu'elles pensaient toucher le succès du bout des doigts.

Pourquoi certaines personnes réussissent là où d'autres échouent ?

Ce n'est pas une question de hasard.

La définition du succès est une définition très personnelle. Il existe autant de définitions du succès que d'individus car nous avons chacun notre propre vision de ce qu'est le succès.

Si devenir riche et posséder une belle maison avec une jolie voiture et une famille est un marqueur de réussite pour certains, il n'en va pas de même pour tout le monde. Certaines personnes trouveront que leur réussite réside dans le combat contre une maladie ou la capacité à vaincre leurs peurs.

Quelle que soit la définition qu'on lui donne, le succès demande dans tous les cas un énorme effort et un travail acharné pour y parvenir.

Les gens qui réussissent leurs projets ne sont pas plus chanceux que les autres. Ils savent se surpasser en fournissant un gros effort de travail mais surtout, ils savent se conditionner mentalement pour aller de l'avant quoiqu'il arrive sur le chemin du succès.

Cet ouvrage s'adresse à toutes les personnes désireuses de réussir.

L'atteinte du succès requiert une motivation sans faille mais aussi une prise de conscience sur l'influence de notre environnement dans nos vies.

Vous trouverez ici 100 conseils pour vous guider vers la réussite pour mener vos projets à terme.

1-Oser rêver

La réussite commence par la capacité à se projeter dans le futur en imaginant les bienfaits sur votre vie de la réalisation d'un projet mené à bien.

Oser avoir des rêves et des aspirations est la première étape qui vous mènera vers le succès. Sans cette petite voix intérieure qui vous permettra de rêver à votre projet même le plus fou, vous ne pourrez pas réussir.

Pour réussir il faut autoriser son esprit à se libérer des frontières qu'il se fixe ou des frontières qui sont souvent établies par les autres.

Si votre rêve est de devenir chanteur, vous devez oser rêver votre vie en tant que chanteur dans le futur en pensant à la satisfaction que cela vous apportera de faire quelque chose que vous aimez vraiment.

Vous devrez oser rêver y compris face aux personnes qui peuvent se montrer hostiles à votre rêve, en commençant par votre entourage proche.

2-Prendre conscience de son potentiel

Prendre conscience de son potentiel implique de prendre conscience de vos talents, ce pour quoi vous êtes doué et avez des facilités naturelles à réaliser.

Il faut établir clairement la liste de ses talents tout en restant réaliste. S'il faut savoir avoir confiance en soi, il ne faut pas non plus surestimer ses capacités réelles.

Si vous souhaitez devenir un sportif professionnel alors que vous n'avez pas pratiqué de sport pendant dix ans votre approche sera irréaliste.

Par contre si vous êtes passionné par le cyclisme depuis toujours et que pour vous la pratique du vélo fait partie intégrante de votre vie, alors vous pouvez envisager de commencer une carrière dans la vente et réparation de vélo dans aucune difficulté. Si vous ne possédez pas de compétences officielles, une simple formation comme réparateur de cycle vous amènera vers les succès.

La prise de conscience de vos talents naturels est primordiale pour vous aider à identifier toutes vos possibilités.

N'hésitez pas à réaliser la liste de vos aptitudes et de vos goûts sur une feuille de papier et à demander aux gens qui vous connaissent quelles sont selon eux vos qualités.

3-Modifier son environnement

Contrairement à ce que pensent les gens, dans la vie il est possible de changer son environnement lorsqu'une situation ne nous convient pas ou ne nous convient plus.

Si vous espérez un jour réussir un projet qui vous tient à cœur mais en sachant que votre environnement n'y est pas propice vous n'arriverez pas à changer quoi que ce soit.

Vous avez le pouvoir de changer votre environnement si vous parvenez à déverrouiller votre esprit en vous désintoxiquant des cases dans lesquelles les autres vous enferment.

Les femmes battues considèrent souvent qu'elles sont sous le contrôle absolu de leur partenaire sans aucune possibilité de mettre fin à une situation. Pourtant tout comme vous elles ont le pouvoir de mettre fin à une situation qui ne leur convient pas.

Il faut savoir s'autoriser à changer son environnement lorsque celui-ci est un obstacle à votre réussite.

Un poste de travail qui ne vous convient plus parce qu'il vous empêche de réaliser vos passions, une relation amoureuse toxique vous empêchant de vous réaliser vos rêves (voyage, déménagement…), sont des exemples de situation que vous devrez avoir le courage de changer pour atteindre la réussite.

4-Etablir un plan d'attaque

Lorsque l'on se lance dans un nouveau projet l'excitation du départ crée une excitation intense et un sentiment d'euphorie. Ce sentiment vous fait oublier toutes les contraintes de temps, de fatigue et d'argent liées au lancement d'un nouveau projet.

Il est essentiel d'établir un plan incluant vos buts, les étapes à réaliser pour y parvenir, votre stratégie de financement.

En créant un planning de tâches à réaliser vous parviendrez à garder le cap. Ainsi si vous souhaitez écrire un livre, vous pourrez établir un plan et vous mettre à écrire au moins 15 minutes chaque jour.

5-Ne pas regarder en arrière

Personne ne peut se targuer de toujours réussir du premier coup.

Pour connaitre le succès il faut savoir apprendre de ses erreurs passées.

Il faut faire de l'énergie négative d'un échec passé, un atout pour aller de l'avant en étant reconnaissant pour la leçon que vous en avez retirée.

6-Rester curieux et ouvert aux nouvelles découvertes

Nous pouvons parfois avoir la tentation de nous satisfaire des réponses que nous avons trouvées à propos de questions importantes. Il est important de garder un état d'esprit ouvert et de savoir écouter les avis des autres personnes. Cela ne revient pas à écouter toutes les recommandations d'autrui au pied de la lettre mais à savoir écoute un autre point de vue.

Cela peut permettre d'approcher une situation sous un angle nouveau et identifier des idées ou des solutions auxquelles nous n'aurions pas pensé dans un premier temps.

7-Savoir être heureux

Avoir état d'esprit positif en restant optimiste et en sachant apprécier le moment présent avec gratitude vous aidera à réussir.

De multiples études ont démontré que lorsqu'une personne réalise un projet avec un état d'esprit positif elle a plus de chances d'aller au bout de son projet et d'atteindre le but qu'elle s'est fixé.

Un état d'esprit pessimiste et négatif vous empêchera au contraire de vous projeter dans l'avenir de manière sereine. Vous aurez tendance à renoncer plus facilement à vos objectifs en condamnant par avance votre capacité à réussir.

8-Savoir s'amuser

Pour réussir il est indispensable de continuer à s'amuser et à savoir s'offrir des temps agréables pour prendre soin de soi, faire du sport, sortir avec des amis.

Que ce soit pour un projet de développement personnel ou de création d'entreprise il est essentiel de s'accorder des moments de détente réguliers pour ne pas perdre son souffle.

Réaliser un projet demande une grosse dose d'énergie et de motivation dans le long terme. Si vous êtes constamment concentré sur votre objectif sans jamais vous relâcher vous perdrez en productivité et en concentration.

SI vous travaillez sur un projet de création d'entreprise il sera important de vous accorder des moments de détente comme par exemple une sortie à la piscine pour faire quelques longueurs.

S'aérer l'esprit est le meilleur moyen de parvenir à être plus efficace lorsque vous aurez besoin de vous concentrer de manière intensive.

9-Préparer un calendrier pour le démarrage d'une activité.

Il existe de bons et de mauvais moments pour lancer une activité.

Il est essentiel de bien réfléchir au moment où vous lancerez votre activité dans l'année pour ne pas démarrer une activité en morte-saison.

Cela est encore plus important si vous souhaitez lancer une activité basée sur la saisonnalité. Un chocolatier aura tout intérêt à se lancer avant Noël ou avant Pâques. Un glacier, un restaurant ou un camping ne devront pas manquer la saison d'été sous peine de manquer un chiffre d'affaire considérable.

10-Ne tombez pas dans la routine

Si vous avez pour objectif de devenir un boulanger hors-pair vendant les meilleurs pains au chocolat au Japon ou aux Etats-Unis alors vous devrez garder en vue vos objectifs.

Les contraintes de la vie quotidienne impliquent souvent de devoir se mettre à travailler pour avoir un salaire et subvenir à ses besoins.

Si vous avez un objectif qui vous tient à cœur vous ne devrez pas perdre de vue vos objectifs en restant travailler dans une boulangerie industrielle ou de supermarché. Il vous faudra établir un plan et passer à l'action pour vous lancer. Il vous faudra aussi faire des choix concernant votre vie privée (être locataire plutôt que propriétaire pour garder la mobilité, trouver un ou une partenaire de vie capable de vous suivre dans vos projets...).

11-Arrêter de vous trouver des excuses

Chacun peut trouver une multitude d'excuses pour justifier de ne pas réaliser tel ou tel projet. Il est possible de se trouver trop jeune, trop âgé, pas assez intelligent ou doué…

Bon nombre de personnes qui ont connu le succès avaient à la base un handicap. Le pongiste égyptien Ibrahim Hamadtou s'est illustré aux jeux paralympiques alors qu'il est amputé des bras. Ce sportif joue donc avec sa bouche et sert avec son pied. Edith Piaf était quant à elle atteinte de polyarthrite rhumatoïde une maladie douloureuse particulièrement invalidante. Beethoven est devenu sourd avant l'âge de 30 ans, cela ne l'a pas empêché de devenir un compositeur de génie.

Arrêter de trouver des prétextes pour ne pas réaliser ses rêves est une étape essentielle pour atteindre le chemin du succès.

12-Savoir être patient

Avoir du succès demande du temps. Etablir un objectif et sa manière de le réaliser exigera une grosse dose de patience. Il vous faudra être patient envers vous-même mais aussi envers les personnes de votre entourage. Vous devrez apprendre à attendre pour franchir peu à peu les étapes indispensables à la réalisation de votre objectif, comme l'obtention d'un diplôme pour devenir médecin ou l'obtention de votre permis de conduire.

13-Parler de vos projets

En parlant de vos projets à votre entourage, vous l'aiderez à prendre forme. Vous y réfléchirez davantage mais cela vous stimulera également. Les personnes auxquelles vous en parlerez, vous demanderont régulièrement où vous en êtes ce qui vous créera une motivation supplémentaire. Ainsi une personne qui souhaite prendre un congé pour faire le tour du monde pourra parler de l'évolution de son projet à ses collègues, sa famille ou ses amis.

14-Eviter le stress

Quand on cherche à avoir du succès, le stress fait partie intégrante du processus. Il est toutefois primordial de le limiter au maximum car plus vous stresserez moins vous serez efficaces. Le stress bloquera votre processus créatif et votre capacité à prendre des décisions saines.

Si vous sentez le stress monter en vous, il sera important de le diminuer en écoutant de la musique relaxante, en pratiquant des exercices de respiration profonde ou allant faire du sport.

15-Faire la liste des priorités

Se donner un but à atteindre implique d'être confronté à des obstacles de plus ou moins grande importance.

Le meilleur moyen de parvenir à vos fins est de faire la liste des priorités pour savoir quoi réaliser en premier.

Il vous faudra apprendre à hiérarchiser les problèmes puis y trouver des solutions pas à pas, problème après problème.

Si vous vous lancez dans la résolution de tous les problèmes que vous pouvez rencontrer de front, vous perdrez en efficacité et en motivation.

16-Faire de son mieux chaque jour

Lorsque vous vous lancez dans la réalisation d'un projet vous devez accepter que vous ne parveniez pas à tout faire une seule fois.

Il vous faut réaliser les tâches que vous avez à faire chaque jour en faisant de votre mieux.

En mettant toute votre énergie positive dans la réalisation de vos tâches, cela jour après jour, vous parviendrez à avancer de manière efficace.

C'est l'addition de petites actions bien réalisées qui vous aidera à concrétiser votre projet final.

17-Participer

Si la lecture de livres sur les sujets qui vous intéressent vous aideront à faire avancer votre projet, il vous faudra également saisir toutes les opportunités se présentant pour poser des questions.

Tous les débats, séminaires, forums…vous permettant d'échanger des idées avec d'autres personnes sur votre sujet vous aideront à faire avancer votre projet.

Les gens qui veulent connaitre le succès veulent souvent que les choses se passent de manière instantanée.

Les choses ne se passent jamais de cette façon.

Le succès d'un projet demande un long temps de réflexion, de préparation puis de mise en application avec parfois des mesures d'ajustement.

Si vous effectuez vous-même votre business plan, veillez à établir des objectifs réalistes. Si vous établissez des objectifs démesurés vous serez frustrés de ne pas parvenir à les atteindre.

19-Ne pas fixer de limites à sa créativité

La créativité est une alliée indispensable pour parvenir à réaliser ses objectifs. C'est grâce à elle que vous parviendrez à trouver de nombreuses idées nécessaires au lancement de votre projet.

Si vous souhaitez créer un service de restauration avec un Food truck vous aurez à créer un certain nombre de recettes.

Il ne vous faudra pas vous limiter à identifier seulement le minimum de recettes nécessaires mais vous dépasser en vous autorisant à innover.

Cela ne veut pas créer un menu immense mais de vous autoriser à établir une longue liste de recettes susceptibles d'être mises au menu. Ainsi en plus des recettes de bases attirant la clientèle chez vous, vous pourrez chaque semaine ajouter une recette éphémère.

La créativité vous permettra d'ajouter le petit plus qui fidélisera votre clientèle.

Coucher sur papier toutes les idées correspondant à votre projet et vous surpasser en essayant d'en trouver d'autres vous permettra peut-être à identifier le petit plus qui permet d'atteindre le succès.

20-Avoir le courage de ne pas répondre aux attentes des autres

Réaliser ses propres objectifs revient à satisfaire ses besoins personnels mais ces besoins qui sont les vôtres peuvent vous causer des relations tendues avec votre entourage.

Si votre objectif est de devenir ébéniste alors que votre famille vous pousse à faire des études d'ingénieur alors vous devrez avoir le courage d'aller à contrecourant de ce que les autres attendent de vous.

21-Continuer à acquérir des connaissances

Quel que soit votre objectif pour atteindre le succès, il sera indispensable de continuer à acquérir des connaissances dans votre domaine de prédilection.

Si votre objectif est de créer votre service de photographe, il faudra continuer à entretenir vos connaissances en photographie.

Même si l'on développe une expertise dans un domaine, il est important de se rappeler que l'on peut toujours continuer à s'améliorer.

Lorsque vous travaillez sur un projet, vous réalisez que cela demande énormément de temps et d'énergie.

Pour pouvoir vous consacrer entièrement à votre objectif de réussite, il est important de savoir déléguer certaines tâches et d'apprendre à demander de l'aide.

Ainsi, si vous souhaitez créer votre entreprise et que vous êtes en couple, n'hésitez pas à demander à votre conjoint de mieux vous aider en réalisant certaines tâches du quotidien à votre place.

Cela impliquera d'accepter que tout n'est pas fait comme vous l'auriez fait mais tout soutien sera bon à prendre.

Idem, si vous êtes étudiant, ne refusez pas l'aide de vos parents qui vous proposent de préparer tous vos repas pour la semaine.

23-Identifier plusieurs stratégies marketing

Lorsque l'on identifie une idée d'entreprise il est essentiel de diversifier ses idées pour la mise en place de sa stratégie de vente (avoir un local, un site internet, des méthodes de référencement...).

Il peut s'avérer utile d'envisager plusieurs solutions car une option intéressante de prime abord ne l'est plus forcément une fois l'analyse du marché effectuée.

Il ne suffit pas de croire dans le produit ou service que l'on propose.

Il est également essentiel de croire en soi. La confiance en soi est en effet un atout majeur pour aider à affronter les challenges que l'on peut rencontrer lors de la réalisation d'un projet.

Elle est indispensable pour convaincre un client ou un prestataire de vous faire confiance.

Si vous doutez de vous, les autres aussi douteront de vous. Si vous estimez avoir une faible confiance en vous, c'est un point sur lequel il vous faudra travailler pour augmenter votre capacité à convaincre les autres que vos idées sont valables.

25-Définir vos coûts

Aussi incroyable que cela puisse paraitre, il existe un grand nombre d'entrepreneurs qui commencent une affaire sans avoir une idée exacte du coût que cela représente.

Les estimations sont souvent bâclées sous estimées ou surestimées les rendant non fiables.

Il est primordial pour la réussite de votre projet d'identifier dès le départ le coût de lancement que votre affaire exigera et de réaliser des projections réalistes dans le futur également de ce que représenteront vos dépenses.

26-Garder votre indépendance

Vous ne devez pas avoir peur d'aller de l'avant en faisant ce que vous estimez être bon pour vous et votre projet.

Pour ce faire, vous devrez rester fort quoiqu'il n'arrive en ne laissant pas l'opportunité aux autres de déterminer ce que vous devez ressentir ou ce en quoi vous devez croire.

Garder votre indépendance de pensée vous permettra de garder le contrôle sur vos émotions et sur votre capacité à aller de l'avant. Même si des personnes critiquent vos idées ou votre projet il vous faudra continuer à y croire fermement.

27-Avoir une bonne capacité d'écoute

Pour réussir un projet, il faut d'abord apprendre à bien écouter.

Porter une attention réelle à la vie des autres vous permettra de découvrir ce qui leur a permis d'atteindre le succès dans leur vie.

Vous pouvez pour cela écouter des émissions de radios, lire des articles de journaux parlant des réalisations de certaines personnes, assister à des séminaires où les personnes sont amenées à parler de leurs expériences personnelles.

Cela vous aidera à comprendre le cheminement de pensée de ces personnes et réfléchir aux points communs possibles entre leur expérience et la vôtre.

28-Identifier les problèmes potentiels en amont

Si tous les problèmes ne peuvent pas toujours être évités un certain nombre d'entre eux peuvent l'être grâce à une attitude proactive et anticipatrice.

Prendre l'habitude d'identifier les potentielles sources de dysfonctionnement vous permettra de gagner un temps précieux par la suite.

29-Savoir faire preuve d'autocompassion

Pour atteindre vos objectifs et les réaliser avec succès, il vous faudra faire preuve d'autocompassion.

Il sera essentiel de ne pas être trop rude envers vous-même car cela aurait pour effet d'inhiber votre capacité à aller de l'avant. Il est humain de ne pas toujours tout réussir du premier coup.

Votre force résidera dans votre capacité à rebondir en étant bienveillant envers vous-même.

Cela vous permettra de prendre du recul et de réfléchir à une nouvelle approche de la situation problématique que vous pouvez rencontrer.

30-Identifier les opportunités

Au lieu d'attendre passivement qu'une opportunité se présente à vous vous devrez apprendre à les identifier.

Cela impliquera d'être constamment à l'affût de ce qui se passe dans votre environnement que ce soit au niveau immobilier, financier en suivant l'actualité économique.

Cela vous permettra de découvrir des idées de produits ou services à vendre.

31-Faire un business plan

Si vous envisagez de créer une entreprise, la réalisation d'un business plan est la première chose à faire.

Que vous soyez en recherche de financement ou non, le business plan est l'étude qui vous permettra de savoir si votre projet est viable et a le potentiel d'être rentable.

En effectuant une étude du marché sur lequel vous envisagez de vous lancer, en effectuant une planification financière, une étude sur la concurrence et les différentes stratégies promotionnelles et marketing que vous envisagerez, vous commencerez à donner forme votre projet.

Le business plan vous servira de feuille de route pour mettre en place votre projet en vous aidant à prendre les meilleures décisions sur votre localisation et vos tarifs.

32-Ne pas abandonner

Pour atteindre le succès en réalisant ses objectifs, il n'y a pas de miracle.

Il faut persévérer comme l'ont fait de nombreux entrepreneurs tel Steve Jobs qui a connu des échecs commerciaux à ses débuts.

Même si vous rencontrez des échecs sur votre route, c'est votre capacité à persévérer et à ne jamais abandonner qui vous permettront d'atteindre le succès.

33-S'accorder des récompenses

La route vers le succès étant longue s'accorder une récompense vous vous permettra de garder de l'endurance pour mener à terme vos projets.

Si vous avez travaillé d'arrache-pied pour parvenir à terminer une étape de votre projet, vous devez savoir vous relâcher temporairement en vous accordant une récompense en vous gâtant en vous offrant une sortie dans un nouveau restaurant qui vient d'ouvrir ou en vous achetant un objet que vous convoitez depuis un moment (une paire de chaussures, une cafetière...).

34-Ne pas prendre de décisions hâtives

Même si vous avez besoin de changer de stratégie en cours de route si votre première approche ne fonctionne pas, vous ne devez jamais prendre de décisions hâtives.

Prendre le temps de réfléchir à nouveau avant de prendre une décision qui impactera l'avenir de votre projet vous permettra de ne pas commettre d'erreurs liées au stress.

Les meilleurs choix sont les choix faits à tête reposée.

35-Garder de l'excitation en vous

Pour mener à bien votre projet, il est important de garder en vous l'excitation que vous avez ressentie au moment de l'élaboration de votre projet.

Cela vous permettra de garder l'énergie nécessaire à son accomplissement.

Vous pouvez vous offrir un organisateur, un ordinateur ou vous relooker pour être en harmonie avec vous-même.

Cela contribuera à vous envoyer une image valorisante de vous-même et à garder l'excitation du début intacte.

36-Connaitre ses clients

Il est essentiel de bien connaître ses clients. C'est en apprenant à bien les connaitre en discutant avec eux que vous apprendrez à connaitre ce qu'ils aiment ou ce qu'ils aiment moins.

Vous devrez faire preuve d'empathie pour être en mesure de les comprendre.

Cela vous aidera à faire grandir votre entreprise en identifiant de nouveaux services ou de nouveaux produits que vous pourriez leur proposer.

37-Garder le contrôle de ses émotions

Même si vous rencontrez des obstacles et des frustrations, il est important de garder le contrôle de vos émotions en toute circonstance.

Les crises de rage ou de larmes que certaines situations peuvent potentiellement générer sont à proscrire.

Donner une mauvaise image de vous-même en public peut altérer votre réputation dans le long terme et empêcher votre projet de se réaliser.

Si vous vous énervez fortement en public alors que vous rêvez de lancer un parc de loisirs dédié aux enfants, vous attirerez la méfiance envers vous.

De même si vous vous énervez ou commencez à fondre en larme chez vous, vous altérerez l'image que vous avez de vous-même.

Rester calme en toute circonstance en essayant d'identifier une solution à tout problème que vous pouvez rencontrer est une des clés du succès.

38-Créer de la valeur ajoutée

Pour mener à bien un projet et le réussir, il faut que celui-ci apporte de la valeur ajoutée.

Il faut que votre produit ou service apporte quelque chose en plus à vos clients pour améliorer leur qualité de vie, leur confort.

Si vous envisagez d'ouvrir une épicerie, vous pouvez envisager de créer un service de livraison à domicile ou créer une application pour préparer le panier d'achat de vos clients qui n'auront qu'à venir retirer leurs achats.

39-Limiter vos coûts fixes

Si vous lancez une entreprise, il vous faudra limiter les coûts fixes au maximum en évitant de voir les choses en grand trop tôt.

Ainsi, au lieu de prendre le risque d'embaucher des salariés permanents si vous avez besoin d'assistance, il sera préférable d'embaucher des salariés temporaires.

Même si vous avez à payer un surcout au niveau social pour l'embauche de saisonniers, cela limitera vos frais en cas de baisse de votre activité.

Vous pourrez effectuer des embauches permanentes le moment venu si vous avez une augmentation durable de votre activité.

40-Être sympathique

Il a été démontré que les personnes avec des personnalités sympathiques sont plus efficaces dans leur travail.

En plus de réaliser leurs tâches avec plus de facilité elles parviennent aussi à plus fédérer les personnes qui les entourent.

Elles obtiennent ainsi plus facilement de l'aide. En étant aimable, souriant, poli et en écoutant les personnes qui vous entourent avec une réelle attention, vous gagnerez des alliés pour vous aider à réaliser votre projet.

41-Faire preuve d'une volonté de fer

Pour mener à bien votre projet, vous devrez faire preuve d'une détermination sans faille.

Certaines personnes dans votre entourage penseront bien faire en tentant de vous décourager pensant vous protéger ou considérant que vous avez mieux à faire.

Vous devrez faire preuve d'une volonté de fer pour ne pas laisser quiconque vous décourager en faisant fi des remarques décourageantes que vous serez susceptibles de recevoir.

42-Partager votre succès

Partager votre expérience en tant que mentor pour aider d'autres personnes à trouver la voie du succès en donnant des conseils sera un élément important.

Une attitude positive et bienveillante à l'égard d'autrui vous permettra de continuer à nourrir votre élan.

Donner à autrui des conseils pour l'aider à atteindre le succès est un moyen de maintenir un équilibre juste des choses.

En ayant vous-même reçu les bénéfices liés au succès il vous faudra savoir donner en retour. Le succès n'a de véritable valeur que s'il est partagé.

43-Se tenir informé des évolutions

Quel que soit le projet que vous envisagez d'accomplir, vous aurez des recherches à effectuer sur un secteur d'activité économique, l'actualité, la météo, les nouvelles technologies...

Il vous vaudra garder une veille sur ces recherches pour vous tenir informé des évolutions qui peuvent être amenées à se produire.

Cette veille vous permettra d'effectuer éventuellement quelques ajustements nécessaires et peut-être salvateurs pour l'aboutissement de votre projet.

44-Donner le meilleur de soi-même

Pour atteindre le succès, il vous faudra être capable de donner le meilleur de vous-même dans la durée et cela malgré les obstacles rencontrés.

Vous devrez vous assurez de ne pas bâcler les tâches qui incombent à la réussite de votre projet.

Il vous faudra être en mesure de fournir 100 % de vos capacités pour mener à bien votre projet.

45-Travailler avec constance

La meilleure façon de mener un projet à son terme quel qu'il soit est de travailler avec constance.

Même si cela peut paraitre fastidieux, il sera important que vous parveniez à établir une grille horaire où vous dégagerez du temps pour la préparation de votre projet.

Cela vous aidera à avancer de manière régulière et uniforme dans votre projet ce qui sera important pour maintenir votre motivation dans la durée.

Plutôt que de vous dire qu'il vous reste une montagne de tâches à accomplir, vous accomplirez régulièrement des petites tâches qui vous aideront petit à petit à mettre votre projet en forme.

46-Collaborer avec les autres

Il est impossible d'être un expert dans tous les domaines. Vous serez très certainement amené à demander des conseils, poser des questions à des personnes plus calées que vous sur certains sujets. Demander de l'aide n'est pas une preuve de faiblesse ou d'ignorance. Les personnes menant à bien leurs projets sont des personnes qui savent demander de l'aide lorsque cela est nécessaire.

47-Lire

Quel que soit le secteur dans lequel vous souhaitez vous engagez, vous devrez apprendre le maximum de choses sur celui-ci.

Cela passe par la lecture d'articles dans la presse spécialisée ou la lecture de livres sortant sur un sujet donné.

Vos lectures seront essentielles pour vous forger un avis sur certains sujets concernant votre projet.

Avoir toujours à porter de main un carnet pour prendre des notes de vos lectures, sur une émission suivie à la radio, sur un séminaire vous permettra d'approfondir vos recherches sur un sujet.

En gardant une trace des idées ou informations qui ont attiré votre attention vous pourrez y faire appel de nouveau au moment opportun.

En relisant vos notes par la suite vous pourrez effectuer une synthèse rapide sur le sujet qui vous intéresse.

Vous pourrez peut-être grâce à ces notes identifier de nouvelles idées ou stratégies importantes pour la réalisation de votre projet.

49-Mettre en pratique ce que vous apprenez

Pour pouvoir avancer dans votre projet et le mener à terme vous avez acquis un certain nombre de connaissances et de compétences.

Pour valider le fruit de votre apprentissage et donc la validation de précieuses compétences, vous devez mettre en pratique ce que vous apprenez.

Cette mise en pratique en situation concrète vous permettra d'inscrire durablement votre savoir en vous vous permettant de transformer chaque nouvelle compétence en expérience.

50-Être un leader

Les personnes qui atteignent le succès font preuve d'un fort leadership. Elles parviennent à asseoir leur leadership et à se faire reconnaitre en tant qu'expert dans leur domaine en devenant un guide pour les autres.

Aider d'autres personnes à se lancer vous aidera à poursuivre votre ascension sur la route du succès.

Il n'y a en effet pas de limite au succès. Si vous avez réussi dans un domaine, vous pourrez continuer à réussir en devenant un mentor de plus en plus reconnu. Cela pourra vous être un outil précieux pour mettre en place un nouveau projet à l'avenir.

51-Comprendre votre business

Si vous souhaitez ouvrir un bar à cocktail ou une crêperie il vous sera utile de tester vous-même le métier en postulant comme barman ou crêpier avant de vous lancer.

Apprendre à connaitre les métiers de votre secteur d'activité et les attentes de la clientèle sera un précieux atout pour acquérir de l'expérience.

Vous pourrez ainsi réfléchir avant même de vous lancer aux problématiques que vous pourrez rencontrer dans la mise en place de votre projet (tarifs, menus, critères de recrutement des employeurs...).

52-Afficher une photo de votre but

Si votre projet est d'ouvrir une école de yoga ayurvédique vous pouvez affichez dans votre bureau ou dans tout autre endroit une photo d'élèves yogi pour vous motiver.

Si votre but est de devenir organisateur de safari en Afrique, n'hésitez pas à afficher des photos de paysages avec des animaux. Le fait de voir encore et encore la photo représentant votre projet vous permettra de mobiliser en vous l'énergie nécessaire à son accomplissement.

Vous pourrez vous raccrocher à votre photo lorsque vous rencontrerez des obstacles sur votre route.

53-Apprécier la vie et être reconnaissant

Savoir apprécier la vie et faire preuve de gratitude envers les événements ou les gens est essentiel pour avancer sur la voie du succès.

Savoir apprécier les plaisirs simples, être respectueux des autres et reconnaissant est un aspect indispensable de l'évolution vers le succès.

Chaque personne ou chaque situation sont une occasion pour vous de vous enrichir et d'apprendre des autres.

En étant respectueux et reconnaissant et en évitant de tourner le dos au gens, vous éviterez de vous isoler. Chaque personne que vous rencontrez peut vous venir en aide un jour à un moment où vous pouvez rencontrer des difficultés.

Il est important de prendre conscience de l'importance d'entretenir de bonnes relations avec les autres.

54-Casser vos mauvaises habitudes

Les mauvaises habitudes ont la vie dure et il n'est pas facile de les perdre.

Toutefois, si vous souhaitez réussir à avancer sur le chemin qui vous mènera vers le succès vous devrez coûte que coûte vous en défaire. Pour vous y aider vous pouvez vous rappelez que vos mauvaises habitudes sont peut-être une des causes de vos échecs passés.

Ainsi, si vous envisagez de travailler dans le secteur de la beauté ou dans l'hôtellerie de luxe, vous devrez impérativement arrêter de fumer. Dégager une odeur de tabac que vous ne sentez peut-être même plus parce que vous y êtes habitué n'échappera en revanche pas à un recruteur.

Si vous êtes célibataire et que vous souhaitez rencontrer l'âme sœur, il faudra arrêter d'avoir les yeux rivés sur votre smartphone et réapprendre à regarder autour de vous pour engager des conversations avec les personnes que vous rencontrez.

Nul n'est parfait, chacun ayant son lot de qualités mais aussi ses points faibles. Il n'est pas question pour vous d'atteindre la perfection mais de parvenir à identifier vos faiblesses et à les améliorer si nécessaires pour que celles-ci ne soient plus une cause d'échec pour vous.

Si vous acceptez de réaliser ce travail intérieur vous réaliserez que vous détenez le pouvoir de faire sauter les verrous qui ont pu inhiber votre capacité à réussir dans le passé.

Ainsi si vous avez tendance à avoir plein d'idées mais à être très désorganisé, vous pourrez travailler sur ce point faible.

En travaillant sur vos capacités d'organisation en prenant des notes, en classant vos documents en apprenant à hiérarchiser vos idées vous pourrez mettre en valeur votre formidable capacité à trouver des idées. Il s'agit de diminuer l'impact des défauts pour pouvoir permettre à vos talents de jaillir et de vous porter vers le succès.

56-Augmenter votre niveau d'exigence

Vous avez peut-être l'impression que vous travaillez dur et que vous en faites assez. Toutefois, il est peut-être nécessaire que vous augmentiez votre niveau d'exigence envers vous-même en sortant quelques peu de votre zone de confort.

Pour parvenir au succès vous devrez initier des changements en étant plus exigeants envers vous-même et peut être aussi envers les autres.

Si votre projet est de rencontrer le ou la partenaire de vie idéale, il sera peut-être temps d'arrêter de fréquenter les personnes qui n'ont pour autre ambition que de passer du bon temps avec vous sur une courte durée. En prenant le temps de discuter de vos attentes et des attentes de la personne que vous rencontrerez, vous cesserez d'attirer dans votre vie les personnes qui ne vous correspondent pas.

De la même façon, si vous souhaitez travailler dans un secteur en lien avec le luxe, les bonnes manières, vous devrez effectuer un effort vestimentaire et comportemental dans la durée.

57-Prendre conscience du pouvoir de l'inconscient

L'inconscient est l'un des outils les plus puissants qui soient.

N'hésitez pas chaque soir au moment d'aller vous coucher à vous poser des questions à vous-même sur des sujets qui sont importants pour vous.

Vous ne vous réveillerez peut-être pas immédiatement avec une réponse clé à votre question mais vous réalisez qu'avec cette pratique, des solutions auxquelles vous n'auriez peut-être jamais pensé vous viendront à l'esprit.

Aussi simple que cela puisse paraître, arrêter de penser et rêver à son projet pour passer à l'action vous aidera à le mettre en forme.

Vous devrez à un moment donner prendre la décision d'agir en réalisant que le temps est venu pour vous de passer à l'action.

Cette étape est difficile à franchir mais nécessaire car à partir du moment où vous aurez pris la décision d'agir et d'aller de l'avant, vous devrez vous y tenir et respecter la promesse que vous vous faites de réussir.

59-Faire les choses parce qu'on le veut

Il est toujours préférable de faire les choses parce qu'on le veut que de les faire parce qu'on en a besoin.

Vouloir quelque chose implique de formuler une intention, un désir puis un passage à l'acte. Au contraire, lorsque l'on fait les choses par contrainte on le fait avec des réticences, de la frustration et dans un état de stress.

L'état d'esprit avec lequel on commence un projet est aussi important que le projet en lui-même.

Ainsi si vous souhaitez créer une entreprise parce que vous avez trouvé une super idée, votre projet aura plus de chance de réussir que si vous créez une entreprise par obligation suite à une longue période de chômage.

Si vous vous apprêtez à ouvrir votre entreprise, il est important de vous assurer que la stratégie de communication est bien en place.

Ainsi, il ne faudra pas oublier de faire connaitre votre date d'ouverture en communicant dans la presse, à la radio, en distribuant des flyers dans la rue...Plus y il y aura de monde à savoir que vous créez une entreprise, plus vous augmenterez vos chances de réussite.

Si votre projet est de créer une association qui a besoin de financement, vous devrez communiquer sur votre projet en en parlant autour de vous, dans la presse, sur internet... Vous augmenterez vous chances de recevoir les dons indispensables à la mise en place de votre projet.

61-Avoir une vie équilibrée

Avoir une vie équilibrée est un élément essentiel à la réussite de votre projet. Vous pourrez mener à bien votre projet seulement si vous parvenez à trouver un équilibre entre vie personnelle et vie professionnelle.

Vous devrez être capable de libérer du temps pour vous et vos proches mais aussi de travailler dur. Vous devez être en mesure d'harmoniser les différents aspects de votre vie en étant 100 % disponible pour vos proches lorsque vous êtes avec eux mais en étant 100 % concentré sur votre projet lorsque vous travaillez dessus.

Si vous rencontrez des problèmes dans votre vie personnelle, il faudra essayer de faire en sorte de les résoudre au plus vite sans quoi ils vous empêcheront de vous focaliser sur votre projet que ce soit en vous empêchant de libérer du temps ou en occupant votre esprit.

Une personne qui réussit est une personne qui a l'esprit libre.

62-Cesser de vous plaindre

Le temps et l'énergie que vous passez à vous plaindre que ce soit de votre fatigue, de votre manque d'argent, de votre sentiment d'être malchanceux ou moins bien loti que les autres sont une perte d'énergie positive.

Si vous consacrez l'énergie que vous consacrez à vous dévaluer à construire pas à pas votre projet vous réaliserez que vous commencez à aller de l'avant.

Ainsi, si vous avez pour mauvaise habitude d'envier la vie des autres sur les réseaux sociaux en considérant que certains amis ont mieux réussi que vous, il est temps d'arrêter ce rituel d'auto destruction. Il est toujours possible de trouver mieux que soit du moins selon les critères que l'on établit soit même.

Si vous vous obligez à quitter ce mode de pensée autodestructrice en vous recadrant chaque fois que vous sentez que vous avez tendance à renouer avec vos penchants négatifs, vous réaliserez toutes les actions positives que vous êtes capables vous aussi d'accomplir. Le succès n'arrive pas qu'aux autres. Il arrive dans la vie de ceux qui croient en leur capacité à réussir.

63-Accepter d'apprendre de ses erreurs

L'erreur est humaine. Il vous faudra accepter dans votre chemin vers la réussite de votre projet de commettre quelques erreurs.

Au lieu de vous fustiger pour avoir fait les mauvais choix vous pourrez au contraire les considérer comme étant une opportunité d'acquérir des compétences dans votre domaine d'activité.

Se tromper est une expérience en soi qui peut vous aider à recadrer votre projet. Le tout est de ne pas laisser l'erreur vous décourager.

Il y a toujours des personnes que l'on apprécie plus que d'autres. Si l'on se sent particulièrement bien au contact de certaines personnes, d'autres personnes ont au contraire le don de provoquer le doute et le mal-être en vous.

Les personnes toxiques sont les personnes qui ont le don de vous décourager ou vous donner le sentiment que ce que vous faites n'en vaut pas la peine. Que ces personnes soient jalouses, défaitistes par nature ou dépressives, ces personnes sont à éviter au maximum.

S'il n'est pas toujours possible de couper les ponts avec elles parce que vous travaillez ensemble ou parce qu'une de ces personnes fait tout simplement partie de votre famille, il conviendra de tout simplement garder vos projets pour vous. Ne pas parler de vos projets est le meilleur moyen pour ne pas laisser ces personnes altérer votre motivation et votre confiance en vous.

Lorsque l'on travaille sur un projet qui demande plusieurs mois voire plusieurs années, il peut être difficile de rester motivé dans la durée.

Pour ne pas vous laisser découragé par l'ampleur de la tâche que vous avez à accomplir, n'hésitez pas à lire des livres, regarder des films, suivre des séminaires, lire des citations inspirantes vous encourageant à garder vos motivations intactes et aussi fortes qu'au premier jour. Demander l'aide d'un coach en réussite personnelle pour vous accompagner peut vous aider à aller de l'avant et à ne pas renoncer à vos objectifs.

66-Savoir hiérarchiser les problèmes

Lorsque vous travaillerez sur votre projet, vous serez amené à rencontrer des obstacles plus ou moins importants.

Certains problèmes auront plus d'impacts que d'autres sur l'évolution de votre projet.

Il conviendra d'établir la liste des problèmes les plus urgents à traiter en priorité pour continuer à aller de l'avant.

Vous ne devez pas laisser les petits problèmes occuper votre esprit et monopoliser tout votre temps. Il est primordial de commencer par traiter les plus gros problèmes en les identifiant puis en les résolvant.

67-S'intégrer dans la vie communautaire

Les personnes qui réussissent leurs projets sont les personnes qui lient des contacts dans leur communauté en participant aux conseils municipaux, en assistant à des séminaires, en rencontrant les personnes travaillant dans les chambres de commerce et d'industrie, en rencontrant des responsables d'associations...

Les personnes qui réussissent savent tirer parti de leur environnement.

Vous serez surpris de réaliser le nombre d'opportunités qui sont à votre portée sur votre lieu de vie. Vous pourrez obtenir du soutien, des idées de business, des aides de financement.

68-Ne pas se reposer sur ses lauriers

Prendre et garder la bonne habitude de s'informer est essentiel pour réussir.

Vous devrez prendre l'habitude de vous tenir informé sur tous les sujets ayant trait à votre projet et plus généralement sur l'actualité.

Ce n'est pas parce que vous commencez à connaitre quelques succès que cela vous dispense de vous tenir informé de ce qui se passe autour de vous. Les personnes qui réussissent sont des personnes qui restent en quête d'opportunité et qui savent identifier les risques.

Pour réussir vous devrez pouvoir vous situer dans votre environnement économique et social en maintenant une veille sur tout ce qui se passe.

Il vous faudra surveiller ce qu'il se passe autour de vous pour rester en adéquation avec le marché sur lequel vous envisagez d'évoluer (ouverture ou fermetures d'entreprises, articles de journaux, surveillance des concurrents...).

69-Accepter de prendre ses responsabilités

Que vous preniez une mauvaise décision ou que vous échouiez il faut reconnaitre puis accepter l'échec pour savoir passer à autre chose.

Attribuer la responsabilité de votre échec à une autre personne que vous est une négation de votre échec. Si vous refusez de reconnaitre votre échec vous ne parviendrez pas à identifier ses causes.

Les personnes qui connaissent le succès ont toutes essuyé des échecs. Leur force a été d'accepter l'échec sans que celui-ci ne les décourage de manière permanente.

Accepter l'échec et en tirer les leçons qui y sont liées sont le meilleur moyen de rebondir sur un nouveau projet.

70-Offrir une garantie

Si vous créez une entreprise offrant des produits ou des services, le fait de créer une garantie de satisfaction ou de remboursement contribuera à développer vos ventes.

Vous parviendrez de la sorte à gagner la confiance de votre client qui sera plus enclin à passer une commande et à renouveler son expérience d'achat chez vous si celui-ci a été satisfait une première fois.

71-Bien gérer son temps

L'apprentissage de la gestion du temps est essentiel pour toute personne qui souhaite réussir un projet.

Il est facile de s'éparpiller et de passer d'une tâche à l'autre sans prendre en compte le temps qui passe.

Bien gérer son temps c'est savoir estimer pour chaque tâche sa durée de réalisation et le temps utilisé pour l'accomplir.

Il vous faudra pour cela tenir un planning de vos tâches. Cela vous aidera à les réaliser de manière rationnelle et vous donnera un aperçu du travail réalisé et du travail qu'il vous reste encore à accomplir.

72-Adopter la bonne attitude

En adoptant une attitude positive, vous vous donnerez les chances de réussir votre projet.

Si un état d'esprit positif ne fait pas tout, il y contribue grandement. Cela vous évitera de laisser les pensées négatives se propager dans votre esprit. Vous parviendrez à considérer les échecs comme des sources d'apprentissage et d'expérience et non plus comme un élément négatif dans votre parcours.

Rester positif et s'entourer de personnes positives qui sont dans le même état d'esprit que vous vous aidera à aller de l'avant.

En vous sentant mieux, vous vous sentirez plus fort ce qui augmentera considérablement votre chance de réussir.

73-Tenir un journal

Quel que soit votre projet vous devez pouvoir être en mesure de voir votre évolution.

Commencer un journal dans lequel vous consignerez toutes vos réalisations vous aidera à réaliser le chemin parcouru. Cela vous aidera à éviter les moments de découragement ou de frustration et vous aidera à surmonter les obstacles.

En réfléchissant sur la façon dont vous avez agi en relisant votre journal, vous vous reconnecterez avec l'énergie initiale liée à votre projet. Cela vous aidera au besoin à rebondir pour continuer à aller de l'avant.

74-Faire de son mieux chaque jour

En vous engageant à faire de votre mieux chaque jour, même si ce mieux est quelque chose de petit certains jours, vous parviendrez à réaliser petit à petit chacune des étapes qui sont nécessaires à la réalisation de votre projet.

C'est l'addition d'une multitude de petites étapes bien réussies qui constitueront la réussite de votre projet.

Quoiqu'il arrive, il est essentiel de soigner votre relation client.

Que le client rencontre un problème réel avec votre produit ou qu'il soit de mauvaise foi, il vous faut garder une attitude respectueuse envers eux et tenter de remédier à leur problème.

En contactant régulièrement vos clients pour vous tenir informé de leur satisfaction concernant votre produit et de leurs besoins vous resterez à leur écoute.

C'est cette capacité d'écoute qui vous permettra de continuer à avancer sur la route du succès. Si votre activité grandit et que vous avez moins le temps d'être au contact de la clientèle, il vous faudra continuer à consacrer un peu de temps dans votre emploi du temps pour rester au contact de vos clients.

Vous ne devez pas perdre le contact avec ce qui a construit votre succès.

76-Faire des sauvegardes

Dans le feu de l'action il est possible de ne pas penser à faire des sauvegardes de son travail ou à garder des copies de tous les documents importants liés à votre projet (fichier client, business plan, documents légaux de création d'entreprise, données comptables...). Les ordinateurs et outils numériques ont une durée de vie limitée.

Il est important pour éviter toute perte de données importantes de réaliser de multiples sauvegardes de votre travail sur divers supports et de les conserver en lieu sûr.

Cela vous évitera de perdre du temps à recommencer des tâches déjà réalisées dans le passé.

77-Noter ses idées

Il est fréquent de trouver une solution à un problème ou alors de trouver une nouvelle idée alors que l'on n'est pas en train de travailler. Oubliant de noter l'idée trouvée celle-ci a tendance à être vite oubliée. Il est parfois difficile de se reconnecter avec le schéma de pensée qui a mené à trouver une idée. Celle-ci peut alors être perdue à jamais. C'est pourquoi il est primordial d'avoir toujours sur soi un carnet de notes pour y coucher ses idées.

Les personnes qui réussissent fournissent des efforts réguliers et sérieux dans la durée.

Le succès mérite un investissement sérieux en termes de temps et d'état d'esprit.

Un état d'esprit sérieux ne fera pas tout votre succès mais cela contribuera à vous faire démarrer votre projet puis à le mener à terme.

La procrastination est la tendance à reporter à plus tard des tâches qui doivent pourtant être réalisées.

Identifier les causes de cette procrastination (fatigue, perte de concentration) et les périodes où ces phases apparaissent dans la journée vous aidera à les neutraliser.

Si vous avez un business plan à rédiger ou si vous avez un livre à rédiger et que vous êtes victime du syndrome de la page blanche l'après-midi, vous pouvez repenser votre emploi du temps en identifiant vos moments de productivité.

80-Suivre des formations

Passer des certifications qui valideront officiellement vos compétences renforcera votre sentiment de confiance et de légitimité dans ce que vous faites. Cela vous aidera à vous sentir mieux et par conséquent plus efficace pour mener votre projet à terme.

Vous pouvez vous former à la communication orale, à l'orthographe, aux premiers secours...Cela vous aidera à renforcer votre confiance en vous parce que vous prendrez des initiatives liées à votre désir de réussite. Se former c'est croire en la possibilité de changer les choses.

81-Travailler sur ce que vous aimez

Pour augmenter ses chances de réussite, vous ne devez pas hésiter à vous concentrer sur quelque chose que vous aimez vraiment.

Si vous n'avez pas encore identifier de projet, vous pouvez tout simplement effectuer la liste des choses que vous aimez faire et ensuite identifier les compétences que vous possédez.

Cela constituera pour vous une base de réflexion pour la construction de votre projet. Vous serez bon en faisant quelque chose que vous aimez faire car une part de vous le fera par goût et non par obligation.

82-Demander l'avis de personnes fiables

Lorsque l'on monte un projet, il est facile de se projeter dans l'avenir en ne voyant que l'aspect positif de la situation. Or, cela peut être une erreur menant à l'échec faute d'avoir eu le recul nécessaire à la réflexion sur un sujet.

Pour avoir un avis fiable sur votre situation, il est intéressant de savoir demander l'avis de personnes qui ont-elles-mêmes réussi.

Les réseaux aidant les entrepreneurs à se lancer, les associations d'anciens élèves peuvent être un moyen d'obtenir le retour nécessaire à une réflexion saine.

Il n'est pas question de révéler tous les secrets de votre projet mais de demander des avis sur certaines étapes cruciales à son avancement.

83- Rester vigilant pour éviter les arnaques

Les personnes démarrant un projet ont souvent un budget alloué à la réalisation de leur activité.

Sans devenir trop méfiant en se coupant des rencontres qui peuvent créer des opportunités, il est important de se rendre compte qu'il existe des personnes avec de mauvaises intentions dont le but unique est de tirer parti de votre projet pour vous soutirer de l'argent.

Vous devez toujours prendre le temps de la réflexion avant de signer un document vous engageant et en vérifiant au besoin les références de la personne avec laquelle vous vous entretenez. Un homme averti en vaut deux.

84-Faire des compliments

Si vous obtenez de l'aide de personnes pour la mise en place de votre projet, vous ne devez pas hésiter à remercier chaleureusement ces personnes pour leur implication et à les complimenter pour leur investissement.

Un individu qui se sent reconnu pour son investissement sera prêt à redoubler d'efforts pour continuer à vous aider.

85-S'accorder des temps pour recadrer son projet

Lorsque vous travaillez sur un projet qui demande un travail de longue haleine, il est intéressant de s'accorder des temps de pose dédiés à la réflexion et à l'éventuel recadrage du projet.

Prendre conscience précisément de ce qui a été accompli et du chemin qu'il reste à parcourir permet continuer à avancer dans la bonne direction.

86-Assainir vos finances

Si vous avez besoin de lever des fonds pour la mise en place de votre projet et d'obtenir un crédit, il est primordial que de prendre le temps d'assainir vos comptes.

Eliminer les dettes liées aux prêts de consommation vous coutant une fortune en intérêts, éviter les formules en leasing qui coutent bien plus cher que l'achat de l'objet et lui-même, limiter les abonnements qui prélèvent chaque mois de l'argent sur votre compte vous aidera à démarrer une phase d'assainissement de vos comptes.

Dans l'excitation du démarrage d'un projet, il peut être tentant d'avoir envie de démarrer au plus vite.

Toutefois, votre localisation impactera directement le montant de votre chiffre d'affaire. Ouvrir une boulangerie dans une rue peu passante ou dans un centre-ville qui se vide de ses commerces les uns après les autres est risqué.

Il est préférable de patienter quelques mois de plus jusqu'à ce que vous parveniez à trouver l'emplacement correspondant le mieux à votre projet.

88-Prendre l'habitude de résoudre les problèmes

Les personnes qui ne parviennent pas à mener à bien leurs projets sont souvent dans le constat et l'inaction. Cela les mène à accepter leur situation avec fatalité.

Plutôt que de vous morfondre lorsque vous rencontrez un problème, il est essentiel de prendre l'habitude d'adopter une attitude réactive en identifiant la nature du problème à traiter puis de trouver les solutions permettant de le résoudre.

Trouver le moyen de gagner de nouveaux clients ou de fidéliser votre clientèle sera plus efficace que de constater avec tristesse que le nombre de couverts de votre restaurant n'est pas suffisant pour atteindre votre seuil de rentabilité. Diffuser des annonces dans la presse locale, utiliser les réseaux sociaux pour attirer de nouveaux clients, inviter les serveurs à convier les passants à entrer ou à déguster une bouchée apéritive représente des moyens de remédier à votre problème de chiffre d'affaire.

89-Rester logique

Si rester logique semble aller de soi, il n'est pas toujours évident d'éviter les erreurs d'appréciation d'une situation.

Le meilleur moyen de rester logique et donc de se fourvoyer dans des situations qui provoquent une perte de temps ou d'argent est de rester fidèle à ses principes et de réfléchir de manière analytique.

Cela implique de raisonner en utilisant votre tête plutôt que vos émotions en mettant de côté vos sentiments.

Plus vous serez productif dans votre travail, plus vous fournirez un travail de qualité vous aidant à mener à bien vos projets.

Il est possible d'augmenter sa productivité en utilisant des techniques simples comme de se donner un certain nombre de tâches à réaliser en une heure. Pendant ce temps vous vous interdirez de faire autre chose comme répondre à des mails, lire des notifications arrivant sur votre téléphone…

Entrer en état de concentration pour être plus efficace s'apprend.

91-Prendre soin de soi

Pour mener à bien un projet avec succès il faut être en forme pour pouvoir fournir l'énergie nécessaire à son accomplissement.

Cela implique de prendre soin de vous physiquement et mentalement. Prendre le temps de faire du sport, de manger des plats équilibrés, de faire des bilans de santé réguliers sont les règles d'hygiène de vie respectées par les personnes qui réussissent.

Avoir un bon équilibre émotionnel en extériorisant vos émotions et vos sentiments auprès de vos proches ou dans un journal est également important.

Se sentir bien dans son corps et dans sa tête permet de se concentrer efficacement sur la réalisation de son projet.

Les personnes qui réussissent ce qu'elles entreprennent sont des personnes qui focalisent leur attention sur l'ensemble de leur projet du début à la fin, y compris sur les petits détails.

Ne rien laisser au hasard et savoir prendre en compte les petits détails qui peuvent paraitre anodins de prime abord est le meilleur moyen de garder le contrôle.

En contrôlant les moindres détails y compris les plus petits vous pourrez détecter des failles ou des risques. Certains petits détails peuvent désorganiser à terme votre projet jusqu'à en menacer son existence.

L'authenticité des références d'un candidat est un détail. Toutefois prendre le temps de vérifier que le candidat possède bien les diplômes qu'il prétend avoir ou qu'il dispose bien de l'expérience qu'il mentionne dans son CV permettra d'éviter de potentiels ennuis pouvant impacter votre réputation. Ainsi si vous ouvrez une école privée, il conviendra de vérifier les références des candidats et leur casier judiciaire par exemple.

93-Savoir se déconnecter

Pour être efficace dans la durée, vous devez vous accorder des pauses pour déconnecter votre esprit de votre projet.

Se donner le temps de prendre un café en terrasse en lisant un journal, regarder un bon film à la télévision sont des choses simples mais essentielles. Aucun individu ne peut rester sous pression de manière permanente.

Pour éviter les risques de burnout vous devez savoir vous accorder du temps pour vous.

94-Etablir une liste de tâches quotidiennes

Le fait de constituer une liste des tâches que vous réaliserez chaque jour au cours de votre journée vous aidera à savoir par où commencer et vous évitera de consacrer trop des temps à certaines d'entre elles qui ne demandent pas en fin de compte une trop longue concentration.

En fin de journée, vous serez fatigué mais satisfait du travail accompli. Accomplir son objectif avec succès au quotidien est déjà un premier pas vers le succès de votre projet.

Les personnes qui réussissent ont la particularité de se rendre compte que le monde est en perpétuel évolution.

Une compétence indispensable à un moment donné peut s'avérer complètement obsolète quinze ans plus tard.

En continuant à acquérir de nouvelles compétences tout au long de votre vie, vous vous assurerez de rester connecté à l'évolution du monde et à pouvoir vous adapter aux changements.

Cela vous évitera de devoir vous recycler à la hâte avec un sentiment de frustration et de panique. En continuant à vous former, vous garderez le contrôle tout en vous préparant des options de sortie à l'avance.

96-Apprécier chaque étape de son projet

Accomplir un projet avec succès apporte une grande satisfaction mais si au cours de la réalisation de ce projet, vous prenez le temps d'apprécier chaque étape de celui-ci, le sentiment de bonheur en sera encore plus grand.

En effectuant chaque étape de votre projet en pleine conscience vous réaliserez en bout de course que de travailler sur votre projet vous aura apporter autant de satisfaction que de le concrétiser.

97-Arrêter de craindre l'échec

Il est normal de ressentir la peur de l'échec lorsque l'on pense aux conséquences de celui-ci sur nos vies. La peur d'avoir des dettes ou d'être jugé par les autres pour avoir échoué peut-être grande.

Toutefois, si vous avez connu des échecs par le passé, il importe de ne pas vous focaliser dessus.

Le nouveau projet dans lequel vous souhaitez vous lancer a besoin de toute votre énergie positive.

Pour réussir votre projet vous devez croire en vous et en votre capacité à réussir.

98-Se répéter que l'on est capable de réussir

Lorsque l'on travail sur un projet, il est possible de rencontrer des moments de doute et de découragement.

Pour lutter contre ces pensées négatives qui inhibent votre capacité à réussir, il faut vous répéter quotidiennement le même mantra en vous disant : « Je suis capable de réussir. Je suis une personne pleine de ressources, en faisant chaque jour de mon mieux je réussirai ».

Si vous avez pour projet de devenir un inventeur d'objets innovants ou de devenir un auteur à succès vous devrez vous entourer de personnes qui réussissent dans le même secteur d'activité que le vôtre.

Il est essentiel de pouvoir échanger des idées et discuter avec des personnes qui sont capables de vous comprendre et qui parlent le même langage que vous.

Cela créera une émulation et nourrira votre motivation.

Il est toujours plus facile d'avancer dans un projet lorsque l'on voit d'autres personnes réussir dans le même secteur que le vôtre.

Aussi impatient que vous soyez de réussir, il faut avancer dans votre projet en respectant les étapes.

Brûler les étapes en bâclant une partie de votre travail ne vous apportera ni un gain de temps ni un gain d'argent.

Pour réussir, vous devez avancer pas à pas afin de ne pas commettre d'erreurs.

Table des matières

www.ingramcontent.com/pod-product-compliance
Lightning Source LLC
Chambersburg PA
CBHW030720220526
45463CB00005B/2120